PROJET

D'UN ABATTOIR

A BAUGENCI.

PROJET D'UNE LETTRE
AU RÉDACTEUR DU JOURNAL DE BAUGENCI

SUR LE

PROJET
D'UN ABATTOIR

DANS

L'église et le cimetière Saint-Michel,

PAR

Le Docteur PELLIEUX,

Ancien interne des hôpitaux et hospices civils de Paris, membre correspondant, à Baugenci, de l'académie impériale de médecine de Paris et de plusieurs autres académies de médecine de la capitale et des départements, médecin du dépôt de mendicité du Loiret, honoré, par le gouvernement, de six médailles en récompense de ses différents travaux sur la vaccine et de son zèle pour la propagation des vaccinations, honoré de la médaille des médecins cantonaux du Loiret, lauréat du cercle médical de Paris ci-devant académie de médecine de Paris, etc.

BEAUGENCY,

IMPRIMERIE DE GASNIER,

RUE DE LA ROCHELLE.

Juin 1862.

TABLE DES MATIÈRES.

NOTE PRÉLIMINAIRE.

L'auteur de ces remarques devait les adresser sous forme de lettres au rédacteur du *Journal de Beaugency*. Ce qui lui a fait prendre le parti d'en former une brochure, c'est que le *Journal de Beaugency*, qui, d'ailleurs, a cessé d'exister, n'avait pas le droit de les accueillir.

On critiquera, peut-être, dans une aussi minime brochure, sa table des matières, ses divisions et ses subdivisions, son avant-propos et sa note préliminaire, par ce motif qu'un travail d'aussi peu d'importance, ne comportait guère de pareilles ambages, qui peuvent éveiller l'idée d'une prétention déplacée de la part de l'auteur. Il n'a pas été arrêté par ces considérations, attendu qu'il sait fort bien qu'il n'a pas eu d'autre prétention, que de remplir un devoir auquel ne doit manquer aucun auteur quelque grand ou quelque petit qu'il soit; il a voulu montrer tout son respect pour le lecteur en ne négligeant rien de ce qui,

peut être susceptible de le mettre à même de pouvoir à son
gré, soit parcourir rapidement le travail qui lui est soumis,
soit en sauter un ou plusieurs passages, soit le scinder au
lieu de l'embrasser dans son ensemble, soit enfin, en re-
venant sur ses pas, le revoir seulement dans quelques-unes
de ses parties, et tout cela avec le moins possible d'en-
nui, de fatigue et de perte de temps.

AVANT-PROPOS.

Baugenci, 1er avril 1861.

Monsieur le Rédacteur,

Vos abonnés ont pu lire, dans le numéro 298 de votre journal, sous la date du 9 décembre 1860, la nouvelle suivante :

« On assure que le décret autorisant l'établissement de l'abattoir dans l'ancienne église de Saint-Michel, est sur le point d'être rendu. »

Lorsque vous avez publié cette nouvelle, elle était assurément fort hasardée ; car, donnée même aujourd'hui, après un intervalle de plus de trois mois, elle ne le serait peut-être guère moins (1).

(1) Ceci était exact au mois d'avril 1861, époque à laquelle j'écrivais cette lettre. Au moment où je la publie, ce n'est plus d'un intervalle de trois mois qu'il s'agit, c'est d'un intervalle de plus d'une année. Mais alors à quoi bon réveiller une discussion qui paraît totalement assoupie ? Parce que, l'assure-t-on, des personnes qui doivent parler pertinemment, continuent à affirmer que le moment approche où le projet sera enfin réalisé, et qu'il pourrait, par cette

N'était-elle pas mise en circulation alors avec adresse, avec habileté, avec finesse par ceux qui avaient intérêt à la répandre, et propagée avec une imprudente irréflexion, par ceux qui auraient dû la démentir ou du moins la taire ?

Quoi qu'il en soit, je crois devoir à mes concitoyens :

1° Quelques explications sur le rôle assez singulier que les circonstances m'ont fait jouer relativement à la question du projet d'un abattoir dans l'église Saint-Michel ;

2° L'exposé public de mon opinion sur ce projet, afin qu'elle puisse parvenir, en dépit de toutes les entraves, à la connaissance de qui de droit, afin que l'autorité à laquelle je me savais la mission, *conformément aux instructions sur la matière*, de l'envoyer, ne puisse pas supposer que, si elle ne lui est pas parvenue, c'est uniquement parce que j'ai omis, parce que j'ai négligé de m'en occuper. Cette seconde partie est donc textuellement ou à peu de chose près, le rapport dont je supposais devoir être chargé.

Remplir ce double objet, tel est le but de la lettre par laquelle va donner son dernier signe de vie le *Journal de Beaugency*, l'organe unique q   servait à nos concitoyens à formuler leurs humbles doléances, qui pouvait jusqu'à un certain point du moins, permettre ici à la douleur de se plaindre.

raison, n'être pas encore totalement inutile, dans un dernier appel à l'autorité supérieure, mieux informée, de la renseigner exactement sur un grand nombre de faits qui lui ont été célés, et qui bien connus d'elle, l'empêcheraient vraisemblablement d'acquiescer à la demande de l'administration. Telle est du moins l'opinion de plusieurs personnes graves dont il ne m'est pas permis de ne pas tenir compte.

CHAPITRE Ier

Considérations accessoires et pourtant nécessaires.

§ I.

RÔLE QUE M'ONT IMPOSÉ LES CIRCONSTANCES DANS LA QUESTION DE L'ABATTOIR.

Lorsqu'il s'est agi, je m'exprime avec trop peu de précision, toutes les fois qu'il s'est agi d'une enquête de commodo et incommodo, comme médecin cantonal, j'en ai reçu du maire de celle des communes de notre canton dans laquelle elle a eu lieu, toutes les pièces accompagnées d'une invitation qui débutait d'ordinaire par ces mots : « *Conformément aux instructions sur la matière, vous êtes appelé à donner votre avis, M. le Préfet me charge de prendre votre avis, etc.* »

Je ne devais pas croire qu'il pût y avoir des raisons pour qu'en cette circonstance, les choses dussent se passer différemment.

Comme, d'une part, je supposais, à tort ou à droit, que je serais chargé de la mission spéciale de porter une sorte de jugement sur l'ensemble de l'enquête, et comme, d'autre part, il n'est pas naturel qu'en quoi que ce soit, on puisse être, à la fois, juge et partie, j'étais donc, entre nos concitoyens, un de ceux qui, par exception, ne devaient déposer dans l'enquête ni approbation ni improbation.

Aussi n'y ai-je participé qu'en y insérant la petite note que voici :

« Obligé sans doute, comme médecin cantonal, de
« donner définitivement mon avis sur les différentes piè-
« ces de la présente enquête, je devrai donc y prendre
« part plus que qui que ce soit. Si j'y interviens dès ce
« moment, ce n'est que pour renvoyer à l'avis particu-
« lier et motivé qui doit m'être ultérieurement demandé,
« et pour éviter d'être taxé par mes concitoyens, d'une
« sorte d'abstention par indifférence, dans une question
« qui semble, je ne dirai pas intéresser, mais passionner
« la population presque tout entière. »

Contre mon attente et par exception, je n'ai point été invité à intervenir.

Il s'ensuit que dans une des plus importantes questions dont on ait eu à s'occuper depuis longtemps et qui ressortissent au médecin cantonal, le médecin cantonal au jugement duquel attachaient peut-être autant d'importance les adhérents que les opposants, et qui est ordinairement appelé à donner son avis *conformément aux instructions sur la matière*, n'a pas été consulté.

Je tenais beaucoup à ce que mes concitoyens sussent pourquoi je ne me suis pas joint à eux dans l'enquête; je ne tiens pas moins à ce qu'ils ne puissent pas supposer que, comme le renard de la cour du lion,

Alléguant un grand rhume,

j'ai invoqué un prétexte pour me dispenser d'émettre mon opinion.

Mais, de cet état de choses, il résultait que les observations que le médecin cantonal eût déposées dans l'enquête, s'il ne les eût pas réservées pour son rapport, ne trouvaient plus leur place nulle part. On le supposait apparemment peu favorable au projet ; dans cette hypothèse, la combinaison n'était pas malhabile ; c'était conjurer à la fois son rapport sur l'enquête et sa protestation dans l'enquête, c'était être parvenu à le réduire totalement au silence, attendu que s'il ne pouvait plus porter dans son rapport, comme il y avait toujours compté, un jugement sur les différentes pièces de l'enquête, moins encore pouvait-il concourir à celle-ci, puisqu'elle était close depuis longtemps.

C'est ce qu'on m'a fort habilement empêché de dire à l'autorité compétente, que je me propose de dire ici, dans l'espoir, je le répète, que ce que j'adresse à mes concitoyens pourra fort bien, par cette voie indirecte, parvenir jusqu'à elle. D'un autre côté, je tiens, et je le répète aussi, à ce qu'elle ne puisse pas supposer (ce qui pourrait bien être un résultat accessoire de la savante combinaison que j'ai signalée), que ce n'est que parce que j'ai omis, parce que j'ai négligé de faire le rapport qui m'est ordinairement demandé, que ce rapport ne lui est pas parvenu.

Avant d'entrer en matière, qu'il me soit permis de dire quelques mots des devoirs du médecin cantonal dans l'espèce, et de l'enquête en général.

§ II.

DES DROITS ET DES DEVOIRS DU MÉDECIN CANTONAL DANS LES ENQUÊTES DE COMMODO ET INCOMMODO.

Pendant la durée de l'enquête, les partisans du projet, se préoccupant un peu de mon rapport, se persuadaient et cherchaient à persuader au public que, comme médecin cantonal, je n'aurais à m'occuper que de la question de salubrité proprement dite; que les autres ne me regardaient nullement. J'estime qu'en cela ils étaient dans l'erreur. La surveillance du médecin cantonal a beaucoup plus d'extension qu'ils ne le supposaient ou qu'ils ne faisaient semblant de le supposer; une foule d'autres questions que celles qui sont relatives à la salubrité, sont soumises à son appréciation; tous les jours, il a à se prononcer sur la moralité des individus, sur leurs ressources, sur celles des communes, etc., etc., et je me flatte d'avoir rendu plus d'un service en poussant mes investigations bien au-delà des questions de salubrité. Je crois donc que j'eusse péché par omission si je me fusse laissé enfermer dans le cercle étroit qu'on a semblé vouloir tracer autour de moi; je pense que je ne devais rien omettre de ce que je suppose propre à jeter quelque jour sur la question.

Cela posé, dans la crainte de rester au-dessous de mes obligations, j'ai examiné non-seulement toutes les pièces de l'enquête à tous les points de vue possibles, mais tous les documents quels qu'ils soient qui, à un titre ou à un autre, peuvent y être relatifs. J'ai mieux aimé, en cette circonstance, faire trop que trop peu ; ce qui abonde ne vicie pas.

Ce préambule a pour but de me justifier d'avoir procédé comme j'ai cru devoir le faire.

J'estime encore que ceux qui prétendaient que je devais ne m'occuper que de la salubrité proprement dite, restreignaient même la question de salubrité beaucoup plus que de raison et n'en saisissaient pas l'étendue. Parce que l'église Saint-Michel, est située au nord de la ville, à l'orientation indiquée pour les cimetières, il leur semblait que tout était dit. En cela, ils se trompaient encore, car le choix de l'emplacement au nord des villes, n'est point exigé pour les abattoirs, qui, dans les communes dont la population ne s'élève pas à dix mille âmes, sont même placées dans la troisième classe des établissements insalubres et incommodes, c'est-à-dire dans la classe la moins insalubre et la moins incommode de ces établissements, parmi ceux *qui peuvent rester sans inconvénient auprès des habitations, mais doivent être soumis à la surveillance de la police ;* ils ne sont pas considérés comme des établissements très-insalubres par eux-mêmes, et ce n'est pas sur leur éloignement ou telle orientation donnée, mais uniquement sur leur régime et surtout leur régime intérieur, sur leurs conditions intrinsèques, que l'on compte pour éviter qu'ils ne deviennent insalubres. C'est en ce sens que j'ai débattu la question.

§ III.

L'ENQUÊTE DE COMMODO ET INCOMMODO EST SOUVENT UN INSTRUMENT ILLUSOIRE.

Aux mots *Enquête administrative* du *Dictionnaire municipal* qui aparu en 1858, il est recommandé de donner à l'enquête toute la publicité possible, afin que *cette publicité autorise à compter le silence des absents comme un vote affirmatif.*

Une circulaire adressée, sous la date du 25 avril 1854, aux Sous-Préfets et aux Maires du département, par M. le Préfet Bosselli, leur avait rappelé ces dispositions et dans les mêmes termes.

Ce n'est donc point à titre de blâme, que je fais observer que l'enquête de commodo et incommodo, relative à l'établissement d'un abattoir dans l'église Saint-Michel, se termine elle-même par ces mots : *afin que cette publicité autorise à compter le silence des absents comme un vote affirmatif.*

Cette enquête serait, je le proclame, rédigée conformément à la coutume et aux instructions préfectorales, et cette rédaction ne mériterait aucun reproche, si, le commencement répondant à la fin, un *préambule* considéré comme *essentiel*, eût *fait un exposé exact de la nature des motifs et des fins du projet* annoncé (*Dictionnaire municipal* 1858, au mot *Enquête*), exposé qui au contraire est omis.

§ IV.

PÉTITION SIGNÉE PAR PRÈS DE SIX CENTS OPPOSANTS DONT PRESQUE AUCUN N'A VERBALISÉ DANS L'ENQUÊTE.

Mais ceci m'amène tout naturellement, ou plutôt m'oblige à parler d'une pétition qui, pendant la durée de l'enquête, sur laquelle n'ont été inscrites qu'un bien petit nombre d'adhésions et de protestations, s'est couverte de près de *six cents* signatures d'opposants.

Ce n'est pas sur cette pétition qu'eussent dû être apposées ces signatures d'opposants, cela est vrai.

Mais qu'il y ait eu, de la part des pétitionnaires, calcul faux ou mauvaise politique; ignorance de leurs droits; difficulté, impossibilité pour une cause quelconque de les faire valoir, d'exprimer leur opposition; timidité, répugnance à se mettre en évidence; insouciance, négligence d'un rigoureux devoir; crainte de ne pouvoir obtenir facilement communication des documents nécessaires, d'être mal accueillis par une autorité qui, dans le maintien de son projet, ne se montrait pas moins passionnée que la population dans son opposition..., toujours est-il que ces CINQ A SIX CENTS pétitionnaires qui ont voulu protester contre le projet, ne peuvent pas, par suite de leur abstention de participer à l'enquête, être considérés désormais comme des adhérents.

Assurément ce n'est pas le courage civil, le plus rare de tous les courages à la vérité, qui a manqué à mes concitoyens, je ne me permettrai jamais de le supposer; mais, si l'on admettait l'hypothèse opposée, elle parlerait aussi haut en faveur de l'utilité et du droit de pétitionner en pareil cas, qu'elle tendrait à faire considérer comme infidèle l'enquête telle qu'elle se pratique aujourd'hui.

Qu'on ne s'avise pas d'objecter contre cette pétition que les signatures en sont tout à la fois des actes de complaisance et d'ignorance de la part de leurs auteurs : cela ne peut se dire de celles de tout le clergé d'une ville y compris son doyen-chanoine, d'un dignitaire du conseil d'arrondissement, de plusieurs notaires en exercice, d'un plus grand nombre d'anciens notaires, d'un nombre considérable de citoyens qui sont ou ont été conseillers municipaux, des pharmaciens, d'un médecin, du vétérinaire, du plus grand nombre de nos principaux commerçants, de nos propriétaires les plus importants, enfin de nos bouchers qui, tous du moins, ne cherchaient pas tant à s'opposer à l'érection d'un abattoir, qu'à empêcher qu'on le plaçât dans un lieu, selon eux, mal choisi; et la preuve c'est que l'un d'eux a même offert une somme assez importante pour qu'on voulût bien, non renoncer à fonder un abattoir, mais seulement faire choix d'un emplacement plus convenable, tant celui du projet lui semblait défectueux. Sa proposition ne pouvait être accueillie, attendu que c'est moins à la fondation d'un abattoir que semble tenir l'administration, qu'à faire adopter l'église et le cimetière St-Michel pour l'y placer. Ce qui le démontre, c'est qu'elle s'obstine dans son opinion, quoiqu'elle sache fort bien que tout le monde est d'accord sur l'utilité de l'abattoir, et que toute opposition tomberait devant l'abandon de l'emplacement de St-Michel.

Quant à moi, me considérant comme obligé par mes fonctions de médecin cantonal, de porter définitivement un jugement sur toutes les pièces de l'enquête, j'ai dû ne pas plus signer la pétition que je n'avais dû verbaliser dans l'enquête.

On ne peut se le dissimuler, la pétition dont je viens de parler a une grande signification. Elle montre surtout combien les enquêtes exécutées comme elles le sont, doivent souvent manquer leur but.

Un exemple non moins remarquable que l'exemple fourni par celle dont nous parlons, a été, dans le même moment, donné par l'enquête de commodo et incommodo ouverte à Orléans sur l'acquisition de la maison de Diane de Poitiers, afin d'y transporter le musée historique. En même temps que les journaux avaient cru devoir s'occuper de cette question intéressante, l'enquête est restée veuve de toute approbation et de toute protestation.

Je ferai voir un peu plus loin, en terminant l'examen spécial de l'enquête de l'abattoir projeté, que, si l'enquête en général manque souvent son but, plus souvent encore on peut lui faire exprimer tout le contraire des intentions des intéressés.

Que l'autorité voie avec peine que le moyen officiel de l'enquête est négligé par ceux à la disposition desquels elle le met, pour un autre qui n'est point officiel, cela se conçoit; mais, il faut bien le reconnaître, tel est l'état des choses. En tous cas, ce que veulent avant tout la loi et ceux qui sont chargés de la faire observer, ce que demande l'autorité, c'est que le vœu des intéressés s'exprime, c'est que la lumière se fasse.

Voici la copie de cette pétition :

« Monsieur le Préfet,

« L'autorité municipale de la ville de Beaugency vient
« de soumettre à l'enquête de commodo et incommodo
« son projet d'acquisition et d'appropriation de l'ancienne
« église St-Michel pour l'établissement d'un abattoir public.

« Les soussignés ont l'honneur de vous exposer qu'ils
« protestent contre ce projet et donnent à l'appui de leur
« protestation les motifs suivants :

« L'ancienne église St-Michel est trop éloignée du cen-
« tre de la ville.

« L'abord pour les voitures en sera difficile et dange-
« reux, à cause des côtes et des détours sous le viaduc du
« chemin de fer.

« Les eaux n'auront point d'écoulement et doivent, d'a-
« près le projet, être absorbées par d'anciennes carrières,
« motif pour lequel chacun doit protester dans l'intérêt de
« la salubrité publique.

« Enfin, Monsieur le Préfet, la question d'un abattoir
« public étant sérieuse, nous ne comprenons pas que la
« municipalité, dans un but d'économie mesquine, préfère
« acheter une construction ancienne et peu commode, plu-
« tôt que de profiter de la présence du fleuve pour cons -
« truire sur les bords, un établissement digne d'une ville
« dont les revenus sont toujours croissants.

« Ils sont avec respect,
« Monsieur le Préfet,

« Vos très-humbles et très-obéissants serviteurs. »

Suivent près de *six cents* signatures.

Je ne crois pas pouvoir me dispenser d'examiner les
motifs d'opposition invoqués par les pétitionnaires ; j'entre
ainsi et en même temps dans le cœur de la question.

CHAPITRE II.

Exposé de mon opinion sur le projet d'un abattoir dans l'église Saint-Michel.

§ I.

ÉLOIGNEMENT DE L'ABATTOIR PROJETÉ DU CENTRE DE LA VILLE.

Le premier des motifs invoqués par les pétitionnaires contre la construction d'un abattoir à St-Michel, en est l'éloignement du centre de la ville.

Ce motif me paraît n'avoir, en réalité, qu'une médiocre importance, soit absolument parlant, soit relativement aux autres endroits qu'on pourrait choisir pour y fonder un abattoir.

Ces autres endroits sont au nombre de trois :

1° Celui où la Mauve est près de se jeter dans la Loire, au levant et en amont de la ville ;

2° La rive droite du fleuve en aval de Baugenci, au midi ;

3° Le Pavé-des-Capucins, au couchant.

La distance du centre de la ville à ces trois points, n'est pas très-sensiblement différente. Sous ce rapport donc, aucun des trois ne pourrait, par ce motif, prétendre à une préférence exclusive.

Quant au clos Saint-Michel, quoique l'éloignement n'en soit pas tel que cette condition pût être considérée comme une raison sérieuse d'exclusion, il est constant, il est réel cependant, qu'il en est d'un tiers au moins plus distant que les trois autres emplacements.

Il n'en est pas de même du second motif des pétition-naires, de *l'abord difficile et dangereux pour les voitures à cause des côtes, et des détours sous le viaduc du chemin de fer.* Ce motif est assurément très-fondé, et je dois l'examiner avec tout le soin qu'il mérite.

§ II.

PROXIMITÉ ENTRE L'ABATTOIR PROJETÉ ET LE CHEMIN DE FER ET INCONVÉNIENTS DE CETTE PROXIMITÉ. — ACCÈS DIFFICILE ET DAN-GEREUX.

La proximité du chemin de fer serait une condition réci-proquement fâcheuse, et pour l'abattoir, et pour le chemin de fer lui-même.

Au moment de leur arrivée, les chevaux des bouchers et le gros bétail qu'ils traînent en quelque sorte à la re-morque, sont souvent animés les uns et les autres par les difficultés qui viennent d'être plus ou moins péniblement vaincues pendant la route.

En cet état, ils ne pourraient, le plus souvent, arriver

à l'abattoir, qu'après avoir traversé une arche du viaduc, au-dessus de laquelle passent, à chaque instant, des locomotives dont les sifflements sont forts et répétés comme ils le sont toujours au moment où les trains s'arrêtent et à celui où ils repartent. Ces sifflements réitérés et retentissants ne manqueraient guère d'effrayer et chevaux et bestiaux.

Cent pas, soit avant qu'on arrive à cette arche en venant du côté de Baugenci, soit après qu'on l'a traversée pour rentrer dans la ville, la route se rétrécit au point de n'avoir plus que la largeur de deux voitures. Cette étroitesse rend si difficile ce passage, qu'il a déjà été signalé par des accidents divers : un enfant y a été écrasé il n'y a pas très-longtemps, et, tout récemment encore, une dame et son fils qui habitent depuis peu de temps un château voisin, et qui n'avaient pas encore l'expérience de ce pas dangereux, y ont versé, et la dame y a été grièvement blessée. On peut dire sans exagération que, les jours du marché hebdomadaire et surtout les jours de foire, aux heures d'arrivée et de départ, ce point, très-fréquenté dans tous les temps, est littéralement obstrué par le grand nombre des gens de pied, des chevaux et des voitures.

Notons, comme nous l'avons déjà fait entrevoir, que, par cet endroit difficile, devraient nécessairement passer le plus grand nombre des bestiaux destinés à l'abattoir : ceux de Baulle, de notre val de Loire, de toute notre Sologne, de Tavers, de Lestiou, d'Avaray, de Courbouzon, d'Izy, de Concriers, de Séris, de Josnes et de tout le pays bas. Ce passage déjà par conséquent très-difficile, très-dangereux, très-fécond en fâcheux accidents, ne manquerait donc pas de le devenir beaucoup davantage encore.

Mais ceci ne serait peut-être pas ce qu'on aurait le plus

à redouter : les chevaux et les bestiaux, après la frayeur et l'excitation qu'ils auraient pu éprouver en passant sous le viaduc, arriveraient presque aussitôt à l'abattoir, dans le clos duquel ils ne pourraient pénétrer, qu'en quittant brusquement la ligne droite qu'affecte la route impériale coupée à angle droit par le viaduc, pour entrer dans un chemin latéral beaucoup plus étroit, qui, longeant le talus de la voie de fer, décrirait un angle aigu d'environ quarante-cinq degrés. A ce moment, et avant qu'on eût pu leur faire franchir le seuil des portes, ne serait-il pas à craindre qu'en dépit de la surveillance la plus attentive et même la plus active, excités et effrayés par de nouveaux sifflements des locomotives, ils n'échappassent quelquefois des mains de leurs conducteurs, accident des plus communs, même dans les circonstances ordinaires ? Ils pourraient, dans cette hypothèse, pénétrer avec une facilité extrême sur la voie de fer, à moins de quarante pas de laquelle est la limite du clos Saint-Michel, à moins de soixante pas de laquelle en seraient les nouvelles constructions. Ils auraient d'autant plus de penchant à se précipiter vers ce point, qu'il leur offrirait un espace plus libre ; le clos Saint-Michel, entouré de murs dans la plus grande partie de sa circonférence, en étant précisément dépourvu de ce côté.

Si l'on regarde en général comme très-essentiel, ainsi que je le dirai plus loin, d'éviter autant que possible de faire traverser les villes aux animaux à cause du danger qu'il y aurait à ce qu'ils s'échappassent dans ce trajet, à plus forte raison doit-on redouter ici cet accident bien autrement grave que dans les cas ordinaires.

La proximité du chemin de fer serait donc, comme je l'ai dit, une condition réciproquement fâcheuse et pour l'abattoir et pour le chemin de fer lui-même.

Aussi se rend-on difficilement compte comment et chemin de fer et abattoir pourraient réciproquement faire choix d'un pareil voisinage, lorsqu'ils n'y sont pas contraints et forcés, lorsqu'il est si facile de trouver, pour cet établissement, un endroit différent qui n'offrirait aucun de ces inconvénients, et qui serait préférable sous tous les autres rapports.

Indépendamment de tous ces obstacles, la pétition parle, comme je l'ai indiqué, de côtes, de pentes de terrain sur lesquelles je n'ai pas encore appelé l'attention. La remarque est fondée, et cette cause contribue pour sa quote-part à augmenter d'autant les obstacles que j'ai signalés et les difficultés de l'accès du clos Saint-Michel.

Disons par anticipation que toutes ces conditions fâcheuses, et comme entassées ici les unes sur les autres, ne se retrouveraient dans aucun de trois autres emplacements qui pourraient recevoir l'abattoir, et moins que partout ailleurs dans celui de la rive droite de la Loire en aval de la ville.

§ III.

LES EAUX N'AURONT PAS D'ÉCOULEMENT ET ELLES DEVRONT D'APRÈS LE PROJET ÊTRE ABSORBÉES PAR D'ANCIENNES CARRIÈRES.

Tel est le troisième motif d'opposition des pétitionnaires, qui craignent que le défaut d'écoulement des eaux, que leur absorption par d'anciennes carrières ne compromettent la salubrité publique. Voilà encore un motif qui pourrait non-seulement être fondé, mais avoir beaucoup de gravité.

Cette cause d'insalubrité agirait, ou sur l'air que nous respirons, ou sur les eaux que nous buvons, ou sur l'un et l'autre à la fois.

Si les eaux chargées de débris d'animaux putréfiés, n'étaient pas complétement absorbées par le sol ; si, dans des carrières ou ailleurs, elles séjournaient à sa surface, elles pourraient infecter l'air en y mêlant continuellement leurs effluves méphitiques. Le clos et le cimetière Saint-Michel sont situés au nord de la ville, et ils la dominent. Ces deux conditions, en général assez indifférentes, et que les règlements n'exigent pas, relativement aux abattoirs, comme je l'ai déjà fait remarquer, auraient ici, je le confesse, un double avantage : d'une part, ces effluves qui sont surtout dangereux, lorsque souffle le vent du midi, seraient, par le fait même de ce vent, balayés loin de nous ; d'autre part, les émanations putrides auraient moins de chemin à faire pour atteindre aux couches d'air supérieures de notre atmosphère. Par ces raisons, les eaux délétères qui séjourneraient à la surface du sol, n'auraient peut-être pas pour nous les graves inconvénients qu'il paraîtrait naturel d'en redouter.

L'emplacement de Saint-Michel ne serait donc pas sans quelques avantages, me dira-t-on peut-être, en cherchant à tourner contre moi cet aveu. Je l'accorde très-volontiers ; mais en faisant observer pourtant, que, d'une part, ces avantages que je spécifie, sont les seuls que cet emplacement aurait sur les autres ; et, d'autre part, qu'ils ne parleraient pas bien haut en sa faveur, puisque le mal qu'ils auraient pour effet de combattre, serait inhérent, et, qu'on veuille bien le noter, exclusivement inhérent à Saint-Michel, ou du moins ne se retrouverait dans aucun des deux emplacements du bord de la Loire.

D'un autre côté, la nature calcaire du sol ne permettrait-elle pas à ces mêmes eaux chargées de matières animales en putréfaction, de le pénétrer avec une facilité extrême et d'infecter les sources vives souterraines qui alimentent et nos puits et un cours d'eau qui traverse la ville du nord au sud? Cette petite rivière ou plutôt ce ru rend de très-grands services aux riverains. L'eau en est fraîche, mais elle n'est jamais très-froide, et, par conséquent, elle ne gèle jamais; elle est vive, limpide, inodore, agréable au goût, toujours potable; elle dissout le savon et cuit bien les légumes; elle est donc susceptible de servir à tous les usages domestiques. Nos maraîchers, nombreux tout le long de son cours, y nettoient leurs légumes; nos blanchisseuses y lavent leur linge, les animaux y sont abreuvés. Bien plus, par une convention tacite, toujours respectée des intéressés, par un choix bien calculé des différents moments du jour et de la nuit, et sans intervention, sans surveillance de la police, qui ignore peut-être même beaucoup de ces particularités, les riverains dont toutes les maisons manquent de puits et de latrines, se servent du ru pour suppléer aux uns et aux autres; tout est prévu pour que tous puissent jouir de tous les avantages de ce cours d'eau sans s'incommoder réciproquement; des corroyeurs, des bouchers, des tripiers y laissent couler leurs eaux infectes, y font macérer leurs peaux, mais ce n'est qu'au-dessous du point où il est convenu que l'eau sera puisée pour tous les usages domestiques. Pour notre ru se pratique en petit ce qui se faisait généralement autrefois pour les rivières voisines des tueries et des écorcheries par règlement de Charles IX du 4 février 1567 :
« Si la tuerie ou écorcherie n'était pas hors des villes il

« fallait tenir pendant le jour les immondices dans des
« vaisseaux couverts et les vider la nuit seulement et par
« canaux dans la rivière afin que l'usage de la rivière ne
« fût pas incommodé pendant le jour. » *Enclycopédie
méthodique*, tome I, p. 232.

Il serait donc possible que des infiltrations d'eaux chargées de matières animales en putréfaction, infectassent ces
différentes sources d'eaux vives, pures, saines, salubres
et si utiles, et qu'il arrivât pour nos sources, ce que nous
voyons arriver pour un puits appartenant à plusieurs par-
ticuliers de la ville, le puits de la rue Porte-Vendôme, jadis
excellent et qui pourvoyait d'eau à un quartier presque
tout entier; par suite de l'infiltration des eaux d'un fumier
de boucher et plus encore peut-être de latrines qui en sont
voisines, l'eau a cessé d'être potable, et l'on a été obligé
d'abandonner le puits depuis fort longtemps déjà. Je pro-
fite de cette occasion pour signaler publiquement à l'attention de l'autorité supérieure, un état de choses, sur lequel depuis plusieurs années, j'appelle infructueusement
celle de l'autorité locale.

Mais, objectera-t-on peut-être, tout cela gît en probabilités, et il est fort possible que ces probabilités soient totalement sans fondement. A cela, on aurait à répliquer que
le contraire étant également possible, il est déraisonnable
de se lancer dans une entreprise qui n'offre pas plus de
garantie pour l'avenir. Ce sont, du reste, des probabilités
si naturelles, que l'administration elle même a été au-devant de ces objections en ajoutant à son projet général que
« *des fosses étanchées avec soin recevront les eaux*
« *mères qui, plus tard, seront rendues à la terre alors*
« *qu'elles seront privées des matières animales qu'elles*
« *tenaient en suspension et ainsi rendues inoffensives.* »

Mais d'abord qui peut répondre que ces fosses étanchées avec soin garderont toujours fidèlement ces eaux délétères, qu'elles ne les laisseront, jamais transsuder, s'infiltrer par accident, et qu'ainsi ne se produiront jamais les inconvénients qu'elles auraient pour but de conjurer; en second lieu, à quoi bon ce luxe de précautions dispendieuses qui pourraient si aisément devenir illusoires, lorsqu'il ne faudrait que choisir un autre emplacement pour les rendre superflues, et se mettre totalement à l'abri des inconvénients qu'elles pourraient bien ne conjurer ni sûrement, ni complétement, ni constamment?

Les pétitionnaires finissent par exprimer leur étonnement de ce que, *dans un but d'économie mesquine, on préfère acheter une construction ancienne et peu commode plutôt que de profiter de la présence du fleuve pour élever sur ses bords un établissement digne d'une ville dont les revenus sont toujours croissants.*

Ce paragraphe est complexe et renferme plusieurs propositions fort distinctes :

1º Destiner incommodément et ridiculement une construction ancienne, une vieille et petite chapelle à un usage nouveau auquel elle n'est nullement appropriée, à un abattoir pour lequel elle n'offre même pas, au dire des bouchers, un espace suffisant, au lieu de fonder une construction nouvelle à laquelle on donnerait l'orientation, les dimensions, les distributions, l'aération, etc., appropriées à son objet;

2º Faire choix de cette vieille construction où elle se trouve, c'est-à-dire dans l'endroit le moins propre à sa destination, au lieu d'en placer une nouvelle sur les bords d'un fleuve qui coule à nos pieds et où semble en être marquée la place naturelle ;

3° Plutôt que de consacrer la somme nécessaire à une construction relativement irréprochable, faire une dépense insuffisante pour léguer des regrets à l'avenir.

Tel est le quatrième motif ou plutôt le quatrième, le cinquième et le sixième motifs d'opposition des pétitionnaires, telles sont leurs dernières observations qui toutes me paraissent fondées.

§ IV.

LA RÉALISATION DU PROJET METTRAIT A LA PLACE D'UN RESTE IN-TÉRESSANT DU PASSÉ UNE CONSTRUCTION HÉTÉROCLITE INDIGNE DE NOTRE ÉPOQUE.

Notre petite ville semble aspirer à suivre une impulsion aujourd'hui générale : elle voit avec reconnaissance ses richesses archéologiques rangées au nombre des monuments à conserver ; elle isole, elle met en évidence son charmant Hôtel-de-Ville en attendant sans doute qu'il lui soit permis de s'occuper sérieusement de sa restauration ; elle agrandit ses places ; elle élargit, elle redresse, elle multiplie ses voies de communication ; elle borde ses rues de trottoirs ; elle apporte à ses constructions et à ses restaurations toute la perfection, toute l'élégance que comportent ses ressources ; mais comment, abdiquant tout à coup ce rôle de cité éclairée, irait-elle défigurer un petit monument intéressant par son ancienneté et par la singularité de sa construction, une jolie chapelle qui, au jugement des archéologues, attire l'attention des voyageurs et surtout des touristes, pour le transformer en un abattoir, bâtiment hétéroclite qui jurerait avec les constructions soit graves et même grandioses, soit élégantes et coquettes du chemin de fer par lesquelles il serait entouré ; qui ferait rire à nos dépens les nombreux voyageurs de notre ligne ferrée, au lieu de les intéresser en notre faveur et de nous recommander à leur estime ; qui, au rapport de nos bouchers, c'est-à-dire de ceux à qui cet abattoir serait destiné, de ceux qui devraient en faire usage, ne pourrait jamais, ni pour le fond ni pour la forme, être convenablement approprié à son objet ? Une pareille idée a paru à bon droit inadmissible aux pétitionnaires et ils se sont rencontrés en cela avec plusieurs signataires de l'enquête et plusieurs personnes éclairées dont la façon de penser a été émise dans les journaux, et entre autres, avec un membre de la société archéologique d'Orléans, avec M. Jourdin Pellieux mon frère ; la lettre que je publie ici n'est même en quelque sorte qu'une paraphrase qu'on trouvera peut-être un peu longue, que les développements de l'article qu'il a publié dans *l'Orléanais.*

Avant d'aller plus loin, avant de continuer l'examen de la pétition, avant de passer à celui des deux derniers motifs d'opposition des pétitionnaires, je ne dois pas différer davantage d'aborder trois questions importantes que cet examen m'a forcé à laisser de côté jusqu'ici, et que les pétitionnaires n'ont pas touchées ; je veux parler du danger de faire passer les bestiaux par l'intérieur des villes, de la nécessité qu'un abattoir soit pourvu d'eaux abondantes et de l'espèce de profanation de transformer en une tuerie une ancienne église et un ancien cimetière.

§ V.

DANGER DE FAIRE PASSER LES BESTIAUX PAR L'INTÉRIEUR DES VILLES.

Avant d'arriver au clos Saint-Michel, le plus grand nombre des bestiaux qui seraient amenés à l'abattoir, auraient forcément à traverser la ville. Or une des deux grandes règles qui président au choix de l'emplacement d'un abattoir, c'est que cet emplacement soit tel qu'il puisse, le plus possible, *éviter le passage des bestiaux dans l'intérieur des villes* (*Encyclopédie moderne*, 1846). L'abattoir placé dans l'église Saint-Michel se trouverait donc dans des conditions diamétralement opposées à cette règle importante, et il s'y trouverait, ne manquons pas d'insister sur ce point, plus que dans aucun des trois autres endroits où Baugenci pourrait placer un abattoir.

§ VI.

NÉCESSITÉ QU'UN ABATTOIR SOIT ABONDAMMENT POURVU D'EAU ET CRAINTES FONDÉES D'EN MANQUER A SAINT-MICHEL.

Une eau abondante a toujours été considérée comme tellement nécessaire à l'espèce, que « chez quelques na-

« tions éclairées, les boucheries sont de vastes péristyles
« ouverts de tous côtés avec une fontaine à chaque bout
« pour y entretenir la propreté. » (*Encyclopédie méthodique*). Manquer d'eau dans un abattoir, ce serait donc un
vice capital. Tout le monde est d'accord sur ce point.

Qui pourrait garantir à l'avance qu'on trouverait à Saint-
Michel une eau suffisante pour les besoins d'un abattoir?

J'ai fait, à cet égard, les recherches qui étaient à ma
portée, et le résultat n'en a été rien moins que satisfai-
sant.

Je ne parlerai ni du puits de M. Delage, maçon et tuilier,
dont on ne peut pas extraire plus de deux poinçons d'eau
de suite, ni de celui de son voisin, M. Gilet, charron, qui
n'a pu être achevé. Mais les autres puits qui avoisinent
Saint-Michel sont tous sans exception dans les conditions
suivantes : d'une part, ils sont très-profonds ; moins pro-
fonds, bien entendu, que ne le serait celui de Saint-Michel,
qui, relativement à tout le voisinage, occupe un point cul-
minant ; et, d'autre part, bien qu'on n'en tire jamais autant
d'eau sans s'arrêter que chez M. Delage, on remarque que,
pendant les été chauds et secs, la masse de l'eau y diminue
notablement. Ces faits ne mettent-ils pas en droit de redouter qu'on ne puisse pas, dans tous les temps du moins,
se procurer, à Saint-Michel, des eaux suffisamment abondantes? Si l'on m'objecte encore que ce ne sont là que des
probabilités, je serai de nouveau en droit de répondre que
l'hypothèse opposée n'est de même qu'une probabilité,
et, pour peu qu'il y ait la moindre incertitude, serait-il
pardonnable de donner la préférence à un emplacement
qui pourrait offrir ces inconvénients, tandis qu'il en existe
deux autres : les bords de la Loire en amont et en aval de
la ville, où ils seraient totalement impossibles?

§ VII.

TRANSFORMATION EN UNE TUERIE D'UNE ANCIENNE ÉGLISE ET D'UN ANCIEN CIMETIÈRE.

Ce qui a soulevé l'opposition la plus vive c'est, sans contredit, l'idée de transformer en un abattoir de bestiaux un ancien cimetière et une ancienne église. Tous les moyens ont semblé bons pour manifester cette opposition, tous excepté cependant l'enquête, qui aurait dû être préférée à tous les autres. Je ne citerai point les écrits anonymes qui ont couru à cette occasion; moins encore essayerai-je de les justifier; mais on me permettra de rappeler avec quelle faveur ont été accueillies par le public de Baugenci, les allusions de ces écrits relatives au projet en question et surtout à la transformation d'une église en une tuerie, car il est impossible de ne pas accorder une certaine signification à de pareilles manifestations.

Je ne dirai pas qu'en cette circonstance *la voix du peuple a été la voix de Dieu*; je craindrais de paraître vouloir me faire le flatteur du peuple, rôle non moins méprisable à mes yeux que celui de flatteur des rois; mais j'aime à constater que cette voix du peuple a été celle de la sagesse humaine dans sa plus haute expression, celle de la religion, de la morale, de la science archéologique, de la science architecturale... Les citations suivantes le démontreront d'une manière irréfragable.

Dans les protestations que le clergé a déposées dans l'enquête, se lisent les passages suivants :

« Considérant 1° que la chapelle de Saint-Michel a
« servi pendant des siècles au culte pour l'usage des lé-
« preux et des pestiférés, qu'elle a été le lieu d'un pèle-
« rinage très-fréquenté en l'honneur de saint Marcou,
« qu'elle a été le premier édifice rendu au culte à Beau-
« gency après la révolution, et qu'elle conserve encore
« sa forme d'église avec son autel ; 2° que ladite chapelle
« a été le centre d'un vaste cimetière où l'on a enterré jus-
« qu'en 1760, je proteste contre le choix de l'emplacement
« au nom de la religion, de l'archéologie et de la morale,
« et je m'oppose à un projet qui serait la profanation d'un
« sanctuaire et la mutilation d'un monument historique,
« et qui mêlerait le sang des animaux à la cendre des
« morts. »

Dans un rapport fait à la société archéologique, M. Dupuis, conseiller à la cour impériale, que je veux laisser
parler, convaincu que je tenterais vainement de dire aussi
bien en le disant autrement ce qu'il a si bien dit lui-même,
s'est exprimé en ces termes :

« Il est toujours triste de voir détruire ou dénaturer un
« édifice, et cela est doublement fâcheux, quand ce chan-
« gement est de nature à porter atteinte aux convenances
« et à blesser des idées dignes de respect.

« D'une *église* on veut faire un *abattoir !*

« Ces deux seuls mots rapprochés, et les idées qu'ils
« font naître mises en présence, expliquent et motivent
« notre réclamation.

. . . .

« Et que fait... que cette église soit plus ou moins cu-
« rieuse sous le rapport de l'architecture? L'aspect exté-

« rieur de Saint-Michel, avec ses chapelles en pignons qui
« forment ses basses nefs, serait moins pittoresque qu'il
« ne l'est réellement; la charpente de ses voûtes serait
« moins remarquable; ce vaisseau serait moins digne qu'il
« ne l'est d'être conservé, que nous n'en dirions pas moins
« et avec raison : Ne faites pas de cette église un abattoir;
« ne faites pas du lieu où notre culte a présidé aux mys-
« tères les plus vénérés le lieu où les bœufs et les pour-
« ceaux seront égorgés; ne l'exposez pas aux grossières
« plaisanteries de gens qui, dans le sanctuaire où le saint
« sacrifice s'est accompli pendant des siècles, viendront
« abattre leurs victimes.

. . . .

« Quoique ravie au culte depuis longues années, cette
« église ne garde pas moins les sépultures et les ossements
« des ancêtres de la population actuelle... Elle se révolte
« à l'idée que la terre qui les recouvre sera imprégnée du
« sang des bestiaux, et recevra les issues et les fumiers
« des plus immondes animaux. Voilà pourquoi elle pro-
« teste aujourd'hui. Ce sentiment l'honore; il vient utile-
« ment se joindre au nôtre et l'appuyer. »

M. A. du Faur, comte de Pibrac, dans le conseil des Travaux publics, a tenu un langage peut-être plus énergique
encore :

« L'examen du plan de l'abattoir de Beaugency, a-t-il
« dit, a été confié à des mains trop habiles pour que je me
« permette d'ajouter un seul mot aux justes observations
« dont M. Clouet (l'architecte du département) vous a donné
« lecture à notre dernière séance. Je ne veux pas non plus
« m'engager, pour l'instant, dans des considérations ar-
« chéologiques qui m'entraîneraient trop loin; je préfère

« parler le langage de tout le monde ; et j'aborde de suite
« la question des convenances.

. . . .

« L'on conçoit, a-t-il ajouté, et l'on s'explique une pro-
« fanation de la part de ces bandes exaltées, ivres de sang
« et de vin, et se ruant avec des cris sauvages sur des
« monuments que le génie du mal leur montre du doigt en
« leur mettant une torche à la main.

. . . .

« Aujourd'hui, les temps sont calmes, et... nous voyons
« une assemblée d'hommes graves et réfléchis, proposer,
« discuter et arrêter froidement un projet inouï dans les
« fastes malheureux de nos sanctuaires, en attendant le
« jour, où ils viendront solennellement poser, sur les
« tombeaux de leurs aïeux, la première de ces dalles des-
« tinées à recevoir le sang impur qui doit rougir leurs os-
« sements... Ah ! si j'avais eu l'honneur de siéger au milieu
« d'eux, au moment où ils allaient signer cette funeste dé-
« libération, je leur aurais dit :
« Suspendez votre arrêt, administrateurs de Beau-
« gency... »

Le bon sens public et la science, à l'honneur de tous les
deux, se sont donc rencontrés, et, en se rencontrant, ils se
sont donné un mutuel et puissant appui, et ce concert jus-
tifie pleinement les éloges que je n'ai donnés au peuple
qu'avec une stricte équité. Mais je reviens à la pétition.

Le cinquième motif d'opposition des pétitionnaires
est relatif à l'emplacement d'un abattoir qui leur paraît
aussi mal choisi dans le clos Saint-Michel, qu'il leur paraîtrait convenable au bord du fleuve.

Afin d'éviter de trop fastidieuses redites, dont le désir
d'être clair m'a fait et me fera peut-être mériter le reproche,

o laisse un moment cet objet de côté (j'y reviendrai en terminant) et je passe au sixième motif d'opposition des pétitionnaires, à la question d'économie.

§ VIII.

QUESTION D'ÉCONOMIE.

Je ne veux me permettre sur ce sujet, qu'un simple
mot, sans recourir aux chiffres qui, j'en conviens, sont
assez peu à mon usage.

De deux choses l'une, ou les ressources de la commune
lui permettent de faire, dès à présent, les dépenses nécessaires pour fonder un abattoir dans les meilleures conditions possibles, ou elles ne le lui permettent pas. Dans le
premier cas, elle doit bien se garder de transformer une
vieille et petite chapelle, en un bâtiment hétéroclite, qui
n'aurait ni l'importance ni l'espace ni l'aspect ni l'exposition ni les distributions qui lui conviendraient, au lieu
d'élever une construction nouvelle qui réunisse toutes les
conditions d'utilité et d'élégance que comporte l'expérience
de notre époque. Dans le second cas, dans le cas où l'état
de nos finances, ne lui permettrait pas de faire actuelle-
ment d'une manière convenable, les dépenses nécessaires
pour cet objet, qui ne peut être considéré comme urgent,
elle devrait en renvoyer l'exécution, à l'époque où elle
serait à même de réaliser convenablement et ses désirs et
ses projets, au lieu de s'exposer, par une précipitation
maladroite à léguer des regrets à l'avenir. Que l'impré-

voyance d'autrui nous rende sages, et ne nous exposons pas à être obligés d'imiter une commune voisine qui s'est vue naguère condamnée à démolir une maison d'école qui ne datait peut-être pas de quinze ans, pour en fonder une nouvelle plus spacieuse et plus commode.

Telle est la sixième et dernière observation des pétitionnaires, et je la crois non moins fondée que les précédentes.

§ IX.

QUELQUES MOTS SÉVÈRES MAIS JUSTES ET NÉCESSAIRES SUR L'ENQUÊTE.

J'ai beaucoup parlé de la pétition, j'ai très-peu parlé de l'enquête. Si c'est une faute, cette faute n'est pas la mienne. A cela en effet il y a eu trois puissantes raisons : la première c'est que mes concitoyens, en s'occupant beaucoup de la pétition et très-peu de l'enquête, m'ont forcément poussé dans cette voie ; la seconde c'est que, d'une part, la pétition est ainsi devenue une grande et libre manifestation de l'opinion publique, dont il m'était impossible de ne pas tenir compte, et que, d'autre part, il m'a été permis de la lire et de la relire autant de fois que je l'ai désiré ; la troisième c'est que l'enquête n'a été qu'une expression bien pâle du vœu public et qu'elle m'a été célée avec un soin tel, que je n'ai pu, après sa terminaison, avoir communication ni ne l'original ni de la copie.

Quelques personnes ont prétendu que le nombre des

adhérents et celui des opposants ont été à peu près les
mêmes. Après avoir médité sur les noms tout à la fois si
nombreux et si respectables apposés au bas de la pétition,
trouvera-t-on que ceux-là sont bien dans le vrai, qui pré-
tendent que les adhérents sont à peu près aussi nombreux
que les opposants, parce que tel est l'état des choses sur
l'enquête ? On le trouverait encore bien moins si, au lieu de
compter, on pesait ces signatures d'adhérents de l'enquête,
si seulement on remarquait que, comme je me crois fondé
à l'avancer, les dernières sont celles d'un groupe de sur-
veillants du dépôt de mendicité, gens fort estimables sans
doute, mais gens subordonnés qui ont répondu à une invitation officieuse du directeur (M. le comte Amelot), et
qui sont venus là fort à propos, comme pour tenter d'éga-
liser le nombre des adhérents et celui des opposants,
comme pour ne pas laisser totalement vide et sans poids
un des plateaux de la balance.

Quant au nombre des opposants révélés par la pétition,
peut-être ne dois-je pas omettre d'aller au devant d'une
objection qui pourrait rendre suspecte mon appréciation
de ses cinq à six cents signatures. Le visa municipal, sur
je ne sais quel prétexte, paraît n'en avoir légalisé qu'une
fraction : je déclare que je n'ai accusé ce nombre de cinq
à six cents signatures, qu'après les avoir très-soigneuse-
ment comptées.

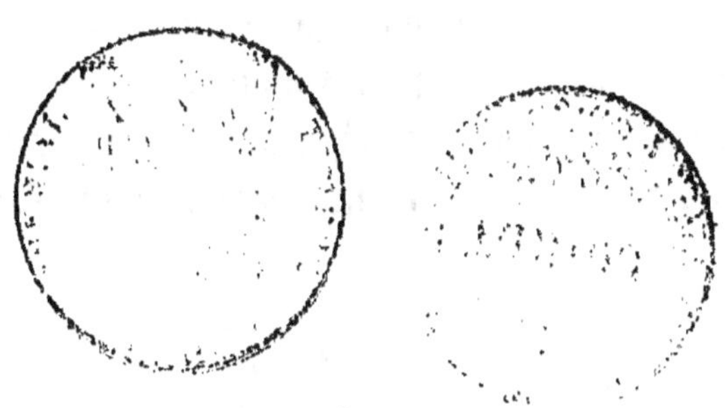

§ X.

DE L'EMPLACEMENT LE PLUS CONVENABLE POUR LA CONSTRUCTION D'UN ABATTOIR A BAUGENCI.

J'arrive en même temps et à l'examen laissé en arrière du cinquième motif d'opposition des pétitionnaires, et à la fin d'un travail pour l'interminable longueur duquel je crains d'avoir grand besoin de toute l'indulgence de ceux à qui il est adressé.

Je n'ai plus pour le terminer qu'à récapituler aussi succinctement que possible tous les inconvénients qui se rattacheraient à l'emplacement d'un abattoir placé à Saint-Michel, et de tous les avantages qu'il y aurait à opter au contraire, soit pour l'un des trois autres endroits qui pourraient lui convenir, soit surtout pour celui du bord de la Loire en aval de la ville, qui me paraît de beaucoup l'emporter sur tous les autres. Non-seulement en effet l'emplacement de Saint-Michel offre une foule d'inconvénients sans aucun avantage, mais le moins convenable des trois autres endroits laisserait encore loin derrière lui celui de Saint-Michel.

On pourrait donc avoir à choisir entre quatre endroits différents pour l'établissement d'un abattoir à Baugenci.

Procédant par exclusion, je vais commencer par l'examen de celui de ces quatre emplacements qui serait le plus défectueux. Je passerai ensuite successivement en revue les autres emplacements dans l'ordre descendant de leur défectuosité. Je finirai par arriver ainsi à celui des quatre qui mérite la préférence sur tous les autres.

L'emplacement dont je m'occupe d'abord, le plus défectueux à mes yeux, par conséquent, est un ancien cimetière au milieu duquel s'élève une ancienne église, l'église Saint-Michel ; c'est dans cette église que l'administration a le projet d'établir une tuerie.

Cet endroit est plus éloigné du centre de la ville qu'aucun des trois autres.

C'est celui dont l'abord est le plus difficile ; c'est le seul dont l'accès pourrait être réellement dangereux.

C'est l'emplacement qui obligerait à faire passer le plus grand nombre de bestiaux par l'intérieur de la ville.

C'est l'endroit où la distribution du local laisserait nécessairement le plus à désirer, puisque, au lieu d'y bâtir un abattoir en se conformant fidèlement aux règles établies par l'expérience des siècles passés et la science du nôtre, on serait obligé d'y approprier d'une manière hétéroclite une petite église dans laquelle on trouverait à chaque pas un obstacle à la réalisation des prescriptions architecturales, à laquelle devraient plus ou moins complétement manquer et l'orientation et l'exposition et l'espace et les distributions et peut-être à la fois toutes les conditions exigées.

C'est le point où l'on serait fondé à craindre d'avoir les eaux les moins abondantes et même d'en manquer tout à fait.

C'est celui où les eaux de lavage seraient plus embarrassantes.

C'est le seul enfin où l'on serait condamné à profaner en quelque sorte un ancien cimetière et une ancienne église en les transformant en une tuerie.

Il n'y a que bien peu de personnes qui aient songé au quartier du Pavé-des-Capucins pour y placer l'abattoir. Cependant, un certain nombre des inconvénients inhérents à Saint-Michel, disparaîtraient déjà ici : le centre de la ville est un peu moins distant de ce point, dont l'accès serait bien plus facile; pour y arriver, beaucoup moins de bestiaux auraient à traverser la ville; rien ne s'opposerait à ce qu'on donnât à la construction nouvelle toutes les conditions appropriées à son objet; enfin on ne serait pas condamné à faire un abattoir d'un ancien cimetière et d'une ancienne église.

Le bord de la Loire, soit en amont soit en aval de la ville, a paru à beaucoup de personnes le seul emplacement qui convînt.

A tous les avantages en effet que le Pavé-des-Capucins aurait sur l'église et le cimetière de Saint-Michel, ces deux derniers emplacements uniraient ceux d'une prise d'eau abondante et d'une perte d'eau facile, les deux conditions les plus essentielles à un abattoir.

Mais ce qui de prime abord décide selon moi la préférence en faveur de l'un de ces deux emplacements, c'en est la position en aval de la ville. « Dès le XVIe siècle, est- « il dit dans l'*Encyclopédie méthodique*, on regardait « comme nécessaire que toutes les écorcheries de bêtes « fussent sur les rivières AU-DESSOUS des villes qu'ils « avoisinent. » Ce serait donc se montrer arriéré de plusieurs siècles, lorsqu'on a le bonheur de voir couler un grand fleuve à ses pieds, de ne pas en profiter pour le charger d'entraîner dans ses flots abondants et rapides, non-seulement les eaux salies de matières animales, mais tous autres débris inutiles, quels qu'ils fussent, que fournirait un abattoir.

Si la tuerie était placée en amont, la Loire charrierait le long de sa rive droite devant la ville toutes les eaux salies et infectes, tous les débris immondes et insalubres que l'abattoir livrerait au fleuve ; ils la rendraient impure, ils lui enlèveraient ses excellentes qualités, ils inspireraient pour le moins du dégoût à beaucoup de personnes délicates qu'ils éloigneraient de continuer à en faire usage. C'est après mûre réflexion que j'émets cette assertion ; mais je sens le besoin d'aller au-devant d'une objection qu'elle pourrait susciter. Les eaux salies ou déjà infectes, me dira-t-on peut-être, divisées dans une aussi grande masse d'eau, seraient aussitôt rendues inoffensives par le seul fait de ce mélange. Voilà précisément ce que je nie : 1° Il s'en faut de beaucoup que la masse d'eau soit toujours aussi considérable ; notre grand fleuve, pendant les chaleurs de l'été, et souvent durant plusieurs mois de l'année, n'est plus, en quelque sorte, qu'un ruisseau ; 2° j'appelle l'attention sur un fait que j'ai maintes fois remarqué : lorsque les crues de la Loire sont assez importantes pour qu'en réalité une énorme masse d'eau remplisse le lit de la rivière, et pour que cette eau, chargée de limon, en soit devenue totalement opaque, mais lorsque ces crues ne sont pas encore assez considérables cependant pour que l'eau du fleuve se soit déjà mêlée à la Mauve, celle-ci conserve si bien devant la ville une grande partie de sa limpidité, qu'on distingue souvent avec facilité dans les flots jaunes et le long du bord de la Loire, l'espèce de ruban verdâtre et transparent qu'elle y dessine. D'où il faut induire que les eaux de la Mauve, salies par celles de l'abattoir, ne se mêleraient pas aux eaux de la rivière avec la facilité et la rapidité supposées par les auteurs de l'objection.

§ XI.

CONCLUSION.

Pour formuler la conclusion définitive et générale de mon travail, je dirai en terminant :

Conformément à l'opinion des si nombreux et si respectables signataires de la pétition et de beaucoup de ceux de l'enquête, opinion de toutes la mieux fondée, l'emplacement destiné à l'abattoir par le projet de l'administration, serait on ne peut pas plus défectueux. Peut-être, toutes graves qu'elles soient, les raisons qui le démontrent, ne seraient-elles pas suffisantes cependant, pour faire renoncer totalement à l'idée d'un abattoir à Baugenci, s'il n'était pas possible de trouver un autre emplacement que celui de Saint-Michel. C'est ainsi qu'en ont sans doute jugé les personnes compétentes envoyées sur les lieux par l'autorité pour examiner les choses ; elles n'ont, en effet, résolu et elles n'ont pu résoudre que cette seule et unique question, à savoir si, à cause des innombrables inconvénients inhérents à Saint-Michel, il fallait que définitivement Baugenci restât privé d'un abattoir. Il ne me paraît pas étonnant qu'à ce point de vue, elles aient résolu la question négativement. Elles n'ont pas été mises à même de constater, ce qui était le capital, que ce n'est pas uniquement en effet parce que Saint-Michel serait totalement impropre à la destination qu'on lui réservait, qu'on devrait se garder d'y songer, mais que c'est encore parce qu'il est à Baugenci trois autres endroits entre lesquels on n'aurait en quelque sorte que l'embarras du choix. Cet embarras, du reste, ne pourrait pas arrêter longtemps, attendu qu'entre ces trois endroits, il en est un (celui du bord du fleuve au-dessous de la ville) qui offre de la manière la plus manifeste, je l'ai démontré, tous les avantages dont manque l'emplacement de Saint-Michel, et qui n'offre aucun des nombreux défauts de ce dernier :

1° Il est moins éloigné du centre de Baugenci que le clos Saint-Michel ;

2° L'abord en est beaucoup plus facile ;

3° Il n'obligerait pas à faire passer par l'intérieur de la ville un aussi grand nombre de bestiaux ;

4° Il permettrait de ne pas prendre en considération dans l'orientation, l'étendue, les distributions de la construction à fonder, autre chose que sa destination, que son objet dûment étudié ;

5° On y disposerait d'eaux aussi abondantes que pourraient être rares celles de Saint-Michel ;

6° Les eaux de lavage et les autres débris inutiles et délétères qui pourraient être, à Saint-Michel, une cause de tant d'embarras et de périls, seraient aussitôt entraînés au loin sans aucun des soucis et des dangers auxquels ils exposeraient nécessairement dans le lieu adopté par le projet ;

7° Enfin, pour me servir une fois de plus des paroles simples, mais si fortes de choses de M. Dupuis, « *d'une* « *église on ne ferait pas un abattoir !* »

Relativement donc, absolument donc, Saint-Michel doit être abandonné pour le bord droit de la Loire, au-dessous de la ville, emplacement dont les avantages sautent à tous les yeux.

Et maintenant comment se fait-il que ces avantages et

ces inconvénients n'aient pas sauté aux yeux de l'administration ou du maire qui la personnifie exclusivement comme à ceux de tant de personnes éclairées? Comment se fait-il que l'administration soit aussi aveugle pour voir ces inconvénients et ces avantages, qu'elle se montre sourde aux vœux de la population, dont elle semble se faire un jeu de mépriser l'opinion?

Tout expliquer, tout dire, est trop souvent hélas! chose impossible en ce bas monde!

J'ai l'honneur d'être,

Monsieur le Rédacteur,

Votre très-humble et très-obéissant serviteur,

Dr PELLIEUX.

ERRATA.

Page 30, ligne 7, *au lieu de :* motifs, *lisez :* motif.
Page 34, ligne 17, *au lieu de :* de flatteur, *lisez :* des flatteurs.